Impressum
Verlag: BABADADA GmbH, Nedderfeld 112 , 22529 Hamburg
Geschäftsführer / Verlagsleitung: Harald Hof
Druck: Books on Demand GmbH, In de Tarpen 42, 22848 Norderstedt

Imprint
Publisher: BABADADA GmbH, Nedderfeld 112 , 22529 Hamburg, Germany
Managing Director / Publishing direction: Harald Hof
Print: Books on Demand GmbH, In de Tarpen 42, 22848 Norderstedt

Klassenzimmer
aula

dividieren
dividir

186/2

Tafel
pizarrón

Schulhof
patio de escuela

Lehrer
maestro

Papier
papel

schreiben
escribir

Stift
birome

Schreibtisch
escritorio

Lineal
regla

Buch
libro

Schüler
alumno

Schultasche

mochila

Federmappe

caja de lápices

Bleistift

lápiz

Bleistiftspitzer

sacapuntas

Radierer

goma (de borrar)

Zeichenblock

bloc de dibujo

Zeichnung

dibujo

Pinsel

pincel

Malkasten

caja de pinturas

Schere

tijera

Klebstoff

pegamento

Übungsheft

cuaderno de ejercicios

Hausübung

tarea

Zahl

número

addieren

sumar

subtrahieren

restar

multiplizieren

multiplicar

rechnen

calcular

Buchstabe

letra

Alphabet

abecedario

Wort

palabra

Text
....
texto

lesen
....
leer

Kreide
....
tiza

Unterrichtsstunde
....
lección

Klassenbuch
....
cuaderno de clase

Prüfung
....
examen

Zeugnis
....
certificado

Schuluniform
....
uniforme escolar

Ausbildung
....
educación

Lexikon
....
enciclopedia

Universität
....
universidad

Mikroskop
....
microscopio

Karte
....
mapa

Papierkorb
....
tacho (de basura)

Hotel
hotel

Grand

Herberge
hostel

Wechselstube
casa de cambio

Koffer
valija

Auto
auto

Sprache

idioma

ja / nein

sí / no

Okay

Está bien

Hallo

hola

Dolmetscherin

traductor

Danke

Gracias

Wie viel kostet …?

¿cuánto cuesta…?

Ich verstehe nicht.

No entiendo

Problem

problema

Guten Abend!

¡Buenas tardes!

Guten Morgen!

¡Buenos días!

Gute Nacht!

¡Buenas noches!

Auf Wiederschaun!

adiós

Richtung

dirección

Gepäck

equipaje

Tasche

bolso

Rucksack

mochila

Gast

invitado

Zimmer

habitación

Schlafsack

bolsa de dormir

Zelt

carpa

Reise - viaje

Touristeninformation

información turística

Strand

playa

Kreditkarte

tarjeta de crédito

Frühstück

desayuno

Mittagessen

almuerzo

Abendessen

cena

Fahrkarte

pasaje

Lift

ascensor

Briefmarke

sello

Grenze

frontera

Zoll

aduana

Botschaft

embajada

Visum

visa

Pass

pasaporte

Flugzeug
avión

Schiff
barco

Feuerwehrauto
autobomba

Bus
colectivo

Lastwagen
camión

Motorboot
lancha a motor

Fahrrad
bicicleta

Auto
auto

Fähre

ferry

Boot

bote

Motorrad

moto

Polizeiauto

patrullero

Rennauto

auto de carreras

Mietwagen

auto de alquiler

Carsharing

alquiler de autos

Abschleppwagen

grúa

Müllwagen

camión de basura

Motor

motor

Kraftstoff

nafta

Tankstelle

estación de servicio

Verkehrsschild

señal de tránsito

Verkehr

tránsito

Stau

embotellamiento

Parkplatz

estacionamiento

Bahnhof

estación de tren

Schienen

vías

Zug

tren

Straßenbahn

tranvía

Wagon

vagón

Hubschrauber

helicóptero

Flughafen

aeropuerto

Tower

torre

Passagier

pasajero

Container

contenedor

Karton

caja de cartón

Rollwagen

carretilla

Korb

canasta

starten / landen

despegar / aterrizar

Stadt

ciudad

Dorf

pueblo

Stadtzentrum

centro de ciudad

Haus

casa

Kino
cine

Werbung
publicidad

CINEMA

Straßenlaterne
farol

Straße
calle

Taxi
taxi

Kiosk
kiosco

Fußgänger
peatón

Gehsteig
vereda

Zebrastreifen
paso peatonal

Mülltonne
contenedor de basura

Kreuzung
cruce

Ampel
semáforo

Hütte

cabaña

Wohnung

departamento

Bahnhof

estación de tren

Rathaus

municipalidad

Museum

museo

Schule

colegio

Universität

universidad

Bank

banco

Spital

hospital

Hotel

hotel

Apotheke

farmacia

Büro

oficina

Buchhandlung

librería

Geschäft

negocio

Blumenladen

florería

Supermarkt

supermercado

Markt

mercado

Kaufhaus

grandes tiendas

Fischhändler

pescadería

Einkaufszentrum

centro comercial

Hafen

puerto

Stadt - ciudad

Park

parque

Bank

banco

Brücke

puente

Stiege

escaleras

U-Bahn

subte

Tunnel

túnel

Bushaltestelle

parada del colectivo

Bar

bar

Restaurant

restaurante

Briefkasten

buzón

Straßenschild

letrero

Parkuhr

parquímetro

Zoo

zoológico

Badeanstalt

pileta

Moschee

mezquita

Bauernhof

granja

Umweltverschmutzung

contaminación

Friedhof

cementerio

Kirche

iglesia

Spielplatz

juegos infantiles

Tempel

templo

Landschaft

paisaje

Blatt
hoja

Wegweiser
poste indicador

Weg
camino

Wiese
pradera

Stein
piedra

Baum
árbol

Wanderer
excursionista

Fluss
río

Gras
hierba

Blume
flor

Tal

valle

Hügel

montaña

See

lago

Wald

bosque

Wüste

desierto

Vulkan

volcán

Schloss

castillo

Regenbogen

arco iris

Pilz

champiñón

Palme

palmera

Moskito

mosquito

Fliege

mosca

Ameise

hormiga

Biene

abeja

Spinne

araña

Käfer

escarabajo

Frosch

rana

Eichhörnchen

ardilla

Igel

erizo

Hase

liebre

Eule

lechuza

Vogel

pájaro

Schwan

cisne

Wildschwein

jabalí

Hirsch

ciervo

Elch

alce

Staudamm

presa

Windrad

aerogenerador

Solarmodul

panel solar

Klima

clima

Kellner
mozo

Speisekarte
menú

Sessel
silla

Suppe
sopa

Pizza
pizza

Besteck
cubiertos

Tischdecke
mantel

Vorspeise

entrada

Hauptgericht

plato principal

Nachspeise

postre

Getränke

bebidas

Essen

comida

Flasche

botella

Fastfood

comida rápida

Streetfood

comida callejera

Teekanne

tetera

Zuckerdose

azucarera

Portion

porción

Espressomaschine

cafetera expreso

Kinderstuhl

sillita alta

Rechnung

cuenta

Tablett

bandeja

Messer

cuchillo

Gabel

tenedor

Löffel

cuchara

Teelöffel

cucharita

Serviette

servilleta

Glas

vaso

Teller

plato

Suppenteller

plato hondo

Untertasse

plato

Sauce

salsa

Salzstreuer

salero

Pfeffermühle

molinillo de pimienta

Essig

vinagre

Öl

aceite

Gewürze

especias

Ketchup

kétchup

Senf

mostaza

Mayonnaise

mayonesa

Angebot
oferta especial

Kunde
cliente

Milchprodukte
lácteos

Obst
fruta

Einkaufswagen
changuito

Schlachterei
carnicería

Bäckerei
panadería

wiegen
pesar

Gemüse
verduras

Fleisch
carne

Tiefkühlkost
alimentos congelados

Aufschnitt

fiambres

Konserven

alimentos enlatados

Waschmittel

detergente en polvo

Süßigkeiten

golosinas

Haushaltsartikel

electrodomésticos

Reinigungsmittel

productos de limpieza

Verkäuferin

vendedora

Kassa

caja

Kassiererin

cajero

Einkaufsliste

lista de compras

Öffnungszeiten

horario de atención

Brieftasche

billetera

Kreditkarte

tarjeta de crédito

Tasche

cartera

Plastiktüte

bolsa de plástico

Getränke
bebidas

Wasser

agua

Saft

jugo

Milch

leche

Cola

bebida cola

Wein

vino

Bier

cerveza

Alkohol

alcohol

Kakao

cacao

Tee

té

Kaffee

café

Espresso

café expreso

Cappuccino

cappuccino

Banane

banana

Apfel

manzana

Orange

naranja

Melone

melón

Zitrone

limón

Karotte

zanahoria

Knoblauch

ajo

Bambus

bambú

Zwiebel

cebolla

Pilz

champiñón

Nüsse

nueces

Nudeln

fideos

Spaghetti

tallarines

Reis

arroz

Salat

ensalada

Pommes frites

papas fritas

Bratkartoffeln

papas fritas

Pizza

pizza

Hamburger

hamburguesa

Sandwich

sándwich

Schnitzel

churrasco

Schinken

jamón

Salami

salame

Wurst

salchicha

Huhn

pollo

Braten

asado

Fisch

pescado

Haferflocken

copos de avena

Müsli

muesli

Cornflakes

copos de maíz

Mehl

harina

Croissant

medialuna

Semmel

pancito

Brot

pan

Toast

tostada

Kekse

galletitas

Butter

manteca

Topfen

cuajada

Kuchen

torta

Ei

huevo

Spiegelei

huevo frito

Käse

queso

Eiscreme

helado

Zucker

azúcar

Honig

miel

Marmelade

mermelada

Schokoladenaufstrich

pasta de chocolate

Curry

curry

Bauernhaus
granja

Strohballen
fardo de paja

Scheune
granero

Feld
campo

Pferd
caballo

Anhänger
remolque

Fohlen
potrillo

Traktor
tractor

Esel
burro

Lamm
cordero

Schaf
oveja

Ziege

cabra

Kuh

vaca

Kalb

ternero

Schwein

cerdo

Ferkel

lechón

Stier

toro

Gans

ganso

Ente

pato

Küken

pollo

Huhn

gallina

Hahn

gallo

Ratte

rata

Katze

gato

Maus

ratón

Ochse

buey

Hund

perro

Hundehütte

cucha

Gartenschlauch

manguera

Gießkanne

regadera

Sense

guadaña

Pflug

arado

Sichel

hoz

Hacke

azada

Mistgabel

horquilla

Axt

hacha

Schubkarre

carretilla

Trog

abrevadero

Milchkanne

lechera

Sack

bolsa

Zaun

reja

Stall

establo

Treibhaus

invernadero

Boden

suelo

Saat

semilla

Dünger

fertilizador

Mähdrescher

cosechadora

ernten

cosechar

Ernte

cosecha

Yamswurzel

batatas

Weizen

trigo

Soja

soja

Erdapfel

papa

Mais

maíz

Raps

semilla de colza

Obstbaum

árbol frutal

Maniok

mandioca

Getreide

cereales

Schornstein
chimenea

Dach
techo

Regenrinne
caño de desagüe

Fenster
ventana

Garage
garaje

Klingel
timbre

Tür
puerta

Abfallkübel
tacho de basura

Briefkasten
buzón

Garten
jardín

Wohnzimmer

living

Badezimmer

baño

Küche

cocina

Schlafzimmer

dormitorio

Kinderzimmer

cuarto de los chicos

Esszimmer

comedor

Boden

piso

Wand

pared

Decke

cielorraso

Keller

sótano

Sauna

sauna

Balkon

balcón

Terrasse

terraza

Schwimmbad

pileta

Rasenmäher

cortadora de pasto

Bettbezug

sábana

Bettdecke

acolchado

Bett

cama

Besen

escoba

Kübel

balde

Schalter

interruptor

Tapete
empapelado

Bild
imagen

Lampe
lámpara

Regal
estante

Schrank
armario

Kamin
chimenea

Fernseher
televisión

Blume
flor

Polster
almohadón

Vase
florero

Sofa
sofá

Fernbedienung
control remoto

Teppich
alfombra

Vorhang
cortina

Tisch
mesa

Sessel
silla

Schaukelstuhl
mecedora

Sessel
sillón

Buch

libro

Decke

frazada

Dekoration

decoración

Feuerholz

leña

Film

película

Stereoanlage

equipo de música

Schlüssel

llave

Zeitung

diario

Gemälde

pintura

Poster

póster

Radio

radio

Notizblock

cuaderno

Staubsauger

aspiradora

Kaktus

cactus

Kerze

vela

Kühlschrank
heladera

Mikrowelle
microondas

Küchenwaage
balanza de cocina

Toaster
tostadora

Reinigungsmittel
detergente

Gefrierfach
freezer

Backofen
horno

Abfallkübel
tacho de basura

Geschirrspüler
lavaplatos

Herd
....
cocina

Topf
....
olla

Eisentopf
....
olla de hierro fundido

Wok / Kadai
....
wok

Pfanne
....
sartén

Wasserkocher
....
pava

Dampfgarer

vaporera

Backblech

bandeja de horno

Geschirr

vajilla

Becher

taza

Schale

bol

Essstäbchen

palitos

Schöpflöffel

cucharón

Pfannenwender

estpátula

Schneebesen

batidora

Kochsieb

colador

Sieb

colador

Reibe

rallador

Mörser

mortero

Grill

parrilla

Kaminfeuer

fogata

Schneidebrett

tabla de picar

Nudelholz

palo de amasar

Korkenzieher

sacacorchos

Dose

lata

Dosenöffner

abrelatas

Topflappen

manopla

Waschbecken

pileta

Bürste

cepillo

Schwamm

esponja

Mixer

batidora

Gefriertruhe

congelador

Babyflasche

mamadera

Wasserhahn

canilla

Küche - cocina

Heizung
calefacción

Handtuch
toalla

Dusche
ducha

Duschvorhang
cortina de ducha

Schaumbad
baño de espuma

Badewanne
bañadera

Glas
vaso

Waschmaschine
lavarropas

Fliesen
baldosas

Wasserhahn
canilla

Nachttopf
pelela

Waschbecken
pileta

Klo
inodoro

Hocktoilette
letrina

Bidet
bidé

Pissoir
mingitorio

Klopapier
papel higiénico

Klobürste
cepillo para el inodoro

Zahnbürste

cepillo de dientes

Zahnpasta

dentífrico

Zahnseide

hilo dental

waschen

lavar

Handbrause

ducha de mano

Intimdusche

ducha higiénica

Waschschüssel

palangana

Rückenbürste

cepillo para espalda

Seife

jabón

Duschgel

gel de ducha

Shampoo

shampoo

Waschlappen

toallita

Abfluss

desagüe

Creme

crema

Deodorant

desodorante

Spiegel

espejo

Kosmetikspiegel

espejito

Rasierer

maquinita de afeitar

Rasierschaum

espuma de afeitar

Rasierwasser

aftershave

Kamm

peine

Bürste

cepillo

Föhn

secador de pelo

Haarspray

spray

Makeup

maquillaje

Lippenstift

lápiz de labios

Nagellack

esmalte para uñas

Watte

algodón

Nagelschere

tijera para uñas

Parfum

perfume

Kulturbeutel

portacosméticos

Hocker

banqueta

Waage

balanza

Bademantel

bata

Gummihandschuhe

guantes de goma

Tampon

tampón

Damenbinde

toallita femenina

Chemietoilette

baño químico

Wecker
despertador

Kuscheltier
peluche

Spielzeugauto
coche de juguete

Rassel
sonajero

Puppenhaus
casa de muñecas

Geschenk
regalo

Ballon

globo

Bett

cama

Kinderwagen

cochecito

Kartenspiel

cartas

Puzzle

rompecabezas

Comic

historieta

Legosteine

piezas de lego

Bausteine

ladrillos de juguete

Actionfigur

figura de acción

Strampelanzug

enterito (de bebé)

Frisbee

frisbee

Mobile

móvil para bebés

Brettspiel

juego de mesa

Würfel

dados

Modelleisenbahn

tren eléctrico

Schnuller

chupete

Party

fiesta

Bilderbuch

libro de cuentos ilustrado

Ball

pelota

Puppe

muñeca

spielen

jugar

Sandkasten

arenero

Schaukel

hamaca

Spielzeug

juguetes

Spielkonsole

consola de videojuegos

Dreirad

triciclo

Teddy

osito de peluche

Kleiderschrank

armario

Kleidung

ropa

Socken

medias

Strümpfe

medias panty

Strumpfhose

calzas

Schal
bufanda

Gürtel
cinturón

Regenschirm
paraguas

T-Shirt
remera

Turnschuhe
zapatillas

Stiefel
botas

Hausschuhe
pantuflas

Sandalen
....
sandalias

Schuhe
....
zapatos

Gummistiefel
....
botas de goma

Unterhose
....
ropa interior

Büstenhalter
....
corpiño

Unterhemd
....
chaleco

Body

body

Hose

pantalones

Jeans

jeans

Rock

pollera

Bluse

blusa

Hemd

camisa

Pullover

pulóver

Kapuzenpullover

buzo

Blazer

blazer

Jacke

campera

Mantel

tapado

Regenmantel

piloto

Kostüm

traje

Kleid

vestido

Hochzeitskleid

vestido de novia

Anzug

traje

Nachthemd

camisón

Pyjama

pijama

Sari

sari

Kopftuch

pañuelo para cabeza

Turban

turbante

Burka

burka

Kaftan

caftán

Abaya

abaya

Badeanzug

traje de baño

Badehose

short de baño

kurze Hose

shorts

Jogginganzug

jogging

Schürze

delantal

Handschuhe

guantes

Knopf

botón

Brille

anteojos

Armband

pulsera

Halskette

collar

Ring

anillo

Ohrring

aro

Mütze

gorra

Kleiderbügel

percha

Hut

sombrero

Krawatte

corbata

Reißverschluss

cierre

Helm

casco

Hosenträger

tiradores

Schuluniform

uniforme escolar

Uniform

uniforme

Lätzchen

babero

Schnuller

chupete

Windel

pañal

Server
servidor

Aktenschrank
archivero

Drucker
impresora

Papier
papel

Monitor
monitor

Maus
mouse

Schreibtisch
escritorio

Ordner
carpeta

Tastatur
teclado

Papierkorb
tacho (de basura)

Computer
computadora

Sessel
silla

Kaffeebecher

taza de café

Taschenrechner

calculadora

Internet

internet

Laptop

laptop

Brief

carta

Nachricht

mensaje

Handy

celular

Netzwerk

red

Kopierer

fotocopiadora

Software

software

Telefon

teléfono

Steckdose

tomacorriente

Fax

fax

Formular

formulario

Dokument

documento

kaufen

comprar

bezahlen

pagar

handeln

hacer negocios

Geld

dinero

Dollar

dólar

Euro

euro

Yen

yen

Rubel

rublo

Franken

franco suizo

Renminbi Yuan

yuan

Rupie

rupia

Bankomat

cajero automático

Wechselstube

casa de cambio

Gold

oro

Silber

plata

Öl

petróleo

Energie

energía

Preis

precio

Vertrag

contrato

Steuer

impuesto

Aktie

acción

arbeiten

trabajar

Angestellte

empleado

Arbeitgeber

empleador

Fabrik

fábrica

Geschäft

negocio

Polizist
policía

Feuerwehrmann
bombero

Koch
cocinero

Ärztin
médico

Pilot
piloto

Gärtner

jardinero

Tischler

carpintero

Schneiderin

modista

Richter

juez

Chemikerin

farmacéutico

Schauspieler

actor

Busfahrer

colectivero

Taxifahrer

taxista

Fischer

pescador

Putzfrau

mucama

Dachdecker

techista

Kellner

mozo

Jäger

cazador

Maler

pintor

Bäcker

panadero

Elektriker

electricista

Bauarbeiter

albañil

Ingenieur

ingeniero

Schlachter

carnicero

Installateur

plomero

Briefträgerin

cartero

Soldat

soldado

Architekt

arquitecto

Kassiererin

cajero

Blumenhändlerin

florista

Friseur

peluquero

Schaffner

cobrador

Mechaniker

mecánico

Kapitän

capitán

Zahnärztin

dentista

Wissenschaftler

científico

Rabbi

rabino

Imam

imán

Mönch

monje

Pfarrer

sacerdote

Hammer
martillo

Zange
tenaza

Schraubenzieher
destornillador

Schraubenschlüssel
llave

Taschenlampe
linterna

Bagger

excavadora

Werkzeugkasten

caja de herramientas

Leiter

escalera portátil

Säge

sierra

Nägel

clavos

Bohrer

taladro

reparieren

arreglar

Schaufel

pala de jardín

Scheiße!

¡Qué bronca!

Kehrschaufel

pala de plástico

Farbtopf

tacho de pintura

Schrauben

tornillos

Musikinstrumente

instrumentos musicales

Lautsprecher
parlante

Schlagzeug
batería

Kontrabass
contrabajo

Trompete
trompeta

Gitarre
guitarra

Klavier

piano

Violine

violín

Bass

bajo

Pauke

timbales

Trommeln

tambor

Tastatur

teclado

Saxophon

saxofón

Flöte

flauta

Mikrofon

micrófono

Eingang
entrada

Tiger
tigre

Käfig
jaula

Zebra
cebra

Tierfutter
alimento para animales

Panda
oso panda

Tiere

animales

Elefant

elefante

Känguru

canguro

Nashorn

rinoceronte

Gorilla

gorila

Bär

oso

Kamel

camello

Strauß

avestruz

Löwe

león

Affe

mono

Flamingo

flamenco

Papagei

loro

Eisbär

oso polar

Pinguin

pingüino

Hai

tiburón

Pfau

pavo real

Schlange

serpiente

Krokodil

cocodrilo

Zoowärter

cuidador del zoológico

Robbe

foca

Jaguar

jaguar

Zoo - zoológico

Pony

poni

Leopard

leopardo

Nilpferd

hipopótamo

Giraffe

jirafa

Adler

águila

Wildschwein

jabalí

Fisch

pescado

Schildkröte

tortuga

Walross

morsa

Fuchs

zorro

Gazelle

gacela

American Football
fútbol americano

Radfahren
ciclismo

Tennis
tenis

Basketball
básquet

Schwimmen
natación

Boxen
boxeo

Eishockey
hockey sobre hielo

Fußball
fútbol

Badminton
bádminton

Leichtathletik
atletismo

Handball
handball

Skifahren
esquí

Polo
polo

lachen
reír

springen
saltar

umarmen
abrazar

gehen
caminar

singen
cantar

träumen
soñar

beten
rezar

küssen
besar

schreiben

escribir

zeichnen

dibujar

zeigen

mostrar

drücken

presionar

geben

dar

nehmen

tomar

haben
tener

machen
hacer

sein
ser

stehen
estar parado

laufen
correr

ziehen
tirar

werfen
tirar

fallen
caer

liegen
estar acostado

warten
esperar

tragen
llevar

sitzen
estar sentado

anziehen
vestirse

schlafen
dormir

aufwachen
despertar

ansehen

mirar

weinen

llorar

streicheln

acariciar

frisieren

peinar

reden

hablar

verstehen

entender

fragen

preguntar

hören

escuchar

trinken

beber

essen

comer

zusammenräumen

ordenar

lieben

amar

kochen

cocinar

fahren

manejar

fliegen

volar

segeln

navegar

rechnen

calcular

lesen

leer

lernen

aprender

arbeiten

trabajar

heiraten

casarse

nähen

coser

Zähne putzen

cepillarse los dientes

töten

matar

rauchen

fumar

senden

enviar

Großmutter
abuela

Großvater
abuelo

Vater
padre

Mutter
madre

Baby
bebé

Tochter
hija

Sohn
hijo

Gast

invitado

Tante

tía

Onkel

tío

Bruder

hermano

Schwester

hermana

Stirn
frente

Auge
ojo

Schulter
hombro

Finger
dedo

Gesicht
cara

Kinn
pera

Hand
mano

Brust
pecho

Bein
pierna

Arm
brazo

Baby

bebé

Mann

hombre

Frau

mujer

Mädchen

nena

Junge

nene

Kopf

cabeza

Rücken

espalda

Bauch

panza

Nabel

ombligo

Zeh

dedo del pie

Ferse

talón

Knochen

hueso

Hüfte

cadera

Knie

rodilla

Ellbogen

codo

Nase

nariz

Gesäß

cola

Haut

piel

Wange

cachete

Ohr

oreja

Lippe

labio

Körper - cuerpo

Mund

boca

Zahn

diente

Zunge

lengua

Gehirn

cerebro

Herz

corazón

Muskel

músculo

Lunge

pulmón

Leber

hígado

Magen

estómago

Nieren

riñones

Geschlechtsverkehr

sexo

Kondom

preservativo

Eizelle

óvulo

Sperma

semen

Schwangerschaft

embarazo

Menstruation

menstruación

Vagina

vagina

Penis

pene

Augenbraue

ceja

Haar

pelo

Hals

cuello

Spital
hospital

Rettung
ambulancia

Rollstuhl
silla de ruedas

Bruch
fractura

Ärztin
médico

Notaufnahme
sala de guardia

Krankenschwester
enfermera

Notfall
emergencia

ohnmächtig
inconsciente

Schmerz
dolor

Verletzung

lesión

Blutung

hemorragia

Herzinfarkt

infarto

Schlaganfall

ACV

Allergie

alergia

Husten

tos

Fieber

fiebre

Grippe

gripe

Durchfall

diarrea

Kopfschmerzen

dolor de cabeza

Krebs

cáncer

Diabetes

diabetes

Chirurg

cirujano

Skalpell

bisturí

Operation

operación

CT
TC

Röntgen
rayos x

Ultraschall
ecografía

Maske
barbijo

Krankheit
enfermedad

Wartezimmer
sala de espera

Krücke
muleta

Pflaster
curita

Verband
venda

Injektion
inyección

Stethoskop
estetoscopio

Trage
camilla

Thermometer
termómetro

Geburt
nacimiento

Übergewicht
sobrepeso

Hörgerät

audífono

Desinfektionsmittel

desinfectante

Infektion

infección

Virus

virus

HIV / AIDS

VIH / SIDA

Medizin

remedio

Impfung

vacunación

Tabletten

comprimidos

Pille

pastilla anticonceptiva

Notruf

llamada de emergencia

Blutdruckmesser

tensiómetro

krank / gesund

enfermo / sano

Hilfe!

¡Ayuda!

Alarm

alarma

Überfall

agresión

Angriff

ataque

Gefahr

peligro

Notausgang

salida de emergencia

Feuer!

¡Fuego!

Feuerlöscher

matafuego

Unfall

accidente

Erste-Hilfe-Koffer

botiquín de primeros
auxilios

SOS

SOS

Polizei

policía

Europa

Europa

Nordamerika

América del Norte

Südamerika

América del Sur

Afrika

África

Asien

Asia

Australien

Australia

Atlantik

Atlántico

Pazifik

Pacífico

Indische Ozean

Océano Índico

Antarktische Ozean

Océano Antártico

Arktische Ozean

Océano Ártico

Nordpol

polo norte

Südpol

polo sur

Antarktis

Antártida

Erde

Tierra

Land

tierra

Meer

mar

Insel

isla

Nation

nación

Staat

estado

Ziffernblatt

esfera

Stundenzeiger

manecilla de las horas

Minutenzeiger

minutero

Sekundenzeiger

segundero

Wie spät ist es?

¿Qué hora es?

Tag

día

Zeit

hora

jetzt

ahora

Digitaluhr

reloj digital

Minute

minuto

Stunde

hora

Woche
semana

Montag / lunes — MO
Mittwoch / miércoles — W
Freitag / viernes — FR
TU
TH
Dienstag / martes
Samstag / sábado — SA
Donnerstag / jueves
Sonntag / domingo — SO

gestern
ayer

heute
hoy

morgen
mañana

Morgen
mañana

Mittag
mediodía

Abend
tarde

MO	TU	WE	TH	FR	SA	SU
1	2	3	4	5	6	7
8	9	10	11	12	13	14
15	16	17	18	19	20	21
22	23	24	25	26	27	28
29	30	31	1	2	3	4

Arbeitstage
días hábiles

MO	TU	WE	TH	FR	SA	SU
1	2	3	4	5	6	7
8	9	10	11	12	13	14
15	16	17	18	19	20	21
22	23	24	25	26	27	28
29	30	31	1	2	3	4

Wochenende
fin de semana

Regen
lluvia

Regenbogen
arco iris

Schnee
nieve

Wind
viento

Frühling
primavera

Herbst
otoño

Sommer
verano

Winter
invierno

Wettervorhersage
....
pronóstico meteorológico

Thermometer
....
termómetro

Sonnenschein
....
luz del sol

Wolke
....
nube

Nebel
....
niebla

Luftfeuchtigkeit
....
humedad

Blitz

rayo

Donner

trueno

Sturm

tormenta

Hagel

granizo

Monsun

monzón

Flut

inundación

Eis

hielo

Jänner

enero

Februar

febrero

März

marzo

April

abril

Mai

mayo

Juni

junio

Juli

julio

August

agosto

September
septiembre

Oktober
octubre

November
noviembre

Dezember
diciembre

Formen
formas

Kreis
círculo

Quadrat
cuadrado

Rechteck
rectángulo

Dreieck
triángulo

Kugel
esfera

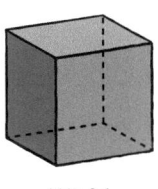

Würfel
cubo

Farben
colores

weiß
blanco

gelb
amarillo

orange
naranja

pink
rosa

rot
rojo

lila
violeta

blau
azul

grün
verde

braun
marrón

grau
gris

schwarz
negro

viel / wenig

mucho / poco

wütend / friedlich

enojado / tranquilo

hübsch / hässlich

lindo / feo

Anfang / Ende

principio / fin

groß / klein

grande / chico

hell / dunkel

claro / oscuro

Bruder / Schwester

hermano / hermana

sauber / schmutzig

limpio / sucio

vollständig / unvollständig

completo / incompleto

Tag / Nacht

día / noche

tot / lebendig

muerto / vivo

breit / schmal

ancho / angosto

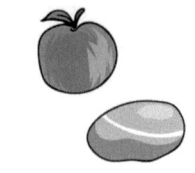

genießbar / ungenießbar

comestible / no comestible

böse / freundlich

malo / amable

aufgeregt / gelangweilt

entusiasmado / aburrido

dick / dünn

gordo / flaco

zuerst / zuletzt

primero / último

Freund / Feind

amigo / enemigo

voll / leer

lleno / vacío

hart / weich

duro / blando

schwer / leicht

pesado / liviano

Hunger / Durst

hambre / sed

krank / gesund

enfermo / sano

illegal / legal

ilegal / legal

gescheit / dumm

inteligente / estúpido

links / rechts

izquierda / derecha

nah / fern

cerca / lejos

neu / gebraucht

nuevo / usado

nichts / etwas

nada / algo

alt / jung

viejo / joven

an / aus

encendido / apagado

offen / geschlossen

abierto / cerrado

leise / laut

silencioso / ruidoso

reich / arm

rico / pobre

richtig / falsch

correcto / incorrecto

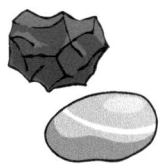

rau / glatt

áspero / suave

traurig / glücklich

triste / contento

kurz / lang

corto / largo

langsam / schnell

lento / rápido

nass / trocken

mojado / seco

warm / kühl

caliente / frío

Krieg / Frieden

guerra / paz

Gegenteile - opuestos

0	**1**	**2**
null	eins	zwei
cero	uno	dos
3	**4**	**5**
drei	vier	fünf
tres	cuatro	cinco
6	**7**	**8**
sechs	sieben	acht
seis	siete	ocho
9	**10**	**11**
neun	zehn	elf
nueve	diez	once

12

zwölf

doce

13

dreizehn

trece

14

vierzehn

catorce

15

fünfzehn

quince

16

sechzehn

dieciséis

17

siebzehn

diecisiete

18

achtzehn

dieciocho

19

neunzehn

diecinueve

20

zwanzig

veinte

100

hundert

cien

1.000

tausend

mil

1.000.000

Million

millón

Zahlen - números

Englisch
inglés

Amerikanisches Englisch
inglés americano

Chinesisch (Mandarin)
chino mandarín

Hindi
hindi

Spanisch
español

Französisch
francés

Arabisch
árabe

Russisch
ruso

Portugiesisch
portugués

Bengalisch
bengalí

Deutsch
alemán

Japanisch
japonés

ich

yo

du

vos

er / sie / es

él / ella

wir

nosotros

ihr

ustedes

sie

ellos

Wer?

¿quién?

Was?

¿qué?

Wie?

¿cómo?

Wo?

¿dónde?

Wann?

¿cuándo?

Name

nombre

hinter

detrás

in

en

vor

adelante de

über

por encima de

auf

sobre

unter

debajo de

neben

al lado de

zwischen

entre

Ort

lugar